수채화로 피어나는
젊은 날의 사랑

수채화로 피어나는
젊은 날의 사랑

박일소 시집

도서출판 채운재

작가의 말

사랑은 언제나 그렇게

여자는 여자적인 때가 가장 아름답다고 했다
누군가를 사랑하고
누군가를 향한 간절한 그리움이, 소망이
누군가를 위해 요리를 하며 콧노래를 부를때가 행복함이 었다
누군가를 사랑하지 않으면 안 되었던 내 사랑은 언제나 붉은 눈물이었다
인생은 공수래 공수거라는 걸 알지만 철저하게 빈손이 된 지금 가슴속은 늘 허망한 그리움만 키우고 있었다
숲 속의 나무도, 풀도, 푸른 하늘도
내 것은 아무것도 없었다
인생에 있어서 그래도 그대를 만나 고마웠지만

목숨보다도 더 사랑했던 착하기만 하던 아들도 불의의 사고를 당해 억울하게도 내 곁에 머물지 않고, 천사가 되어 하늘로 날아가 버렸다

아들이 내 곁을 떠난 지금 온몸의 피가 빠져 나가는 전율로 삶은 혹독한 추위와 함께, 오지 않는 기다림을 배워버린 습성으로 인해 잡을래야 잡히지 않는 내 사랑은 언제나 다가가지 못하고 유리창 너머 흘러내리며 거기서 있었다

용미리 잔디 아래 천사가 되어 누워있는 아들에게 세 번째 시집 「수채화로 피어나는 젊은 날의 사랑」 을 바친다

2010년 흰 눈이 창 밖에 내리는 날

박 일 소

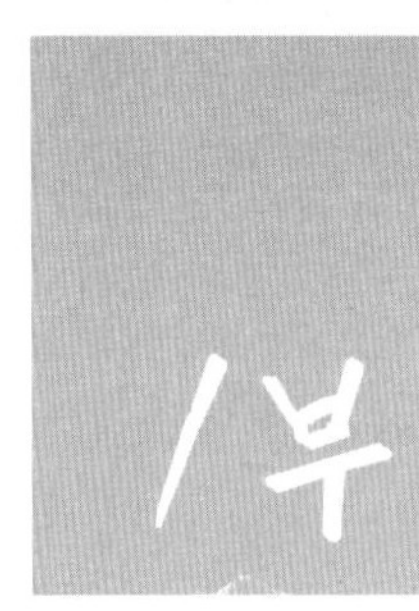

1부 그대 향한 그리움

빗물에 가슴 적시는 애틋한 사랑

아득히 바래 핀 꽃

첫사랑 그시절 그리운 추억이

1부

그대 향한 그리움

난 울었다

밤마다 젖어드는
빗물 같은 그리움이기에
그대 그림자 안고
난 울었다

휘영청 달 밝은 밤엔
비단 이불 폭에 쌓여
그대 그림자 안고
난 울었다

오붓한 꿈속에
못다 피운 사랑
그대 그림자 안고
난 울었다

열병

봄 따라가신 임
소식 없어
갯가에 나가 보네

흐르는 물결에
뜬구름만 하염없이 떠가고

시리운 가슴속에
젖어 오는 봄빛
아른대는 그대 얼굴

내 가슴 속 그림자 하나
식을 줄 몰라라

그대 향한
그리움이여

물결에 떠가는 꽃잎
시름을 얹어 보낸다

봄 길을 걸으며

따스한 햇살 아래
청아한 산 새소리
봄이 오는 향기 들리는
길을 걸으면

봄비에 목욕하고
웃으며 깨어나는 제비꽃

아지랑이 피던 언덕에서
나물 캐던 순이야
"잘 있느냐"고 안부를 묻는다

꿈속에 왔다가는 그대

소리 없이 비 내리는
깊은 밤
그대가 남 몰래 왔다 가면
밤새도록 뒤척이다 잠이깨어
어둠을 감싸 안는다

그대 그리움이
밀려서 오고
외로운 그대의 그리운 눈동자
쓸쓸히 가슴에 남아
그대 잠든 창가로
마음 비되어 흘러간다

아련히 들려오는 빗소리
그대 속삭임인가
귓가에 맴돌아
어둠이 깃든 창밖을
외로움에 홀로 서서
그대 모습 그려본다

하얀 오후의 사랑

마타리 꽃 애기똥풀과 함께
피어 있는 개울가엔
돌틈사이로 흘러가는 맑은 물소리
물 위에 얼비친 임에 얼굴
구름에 떠 흘러간다

무지개 뜨는 폭포수에
잠간의 시름을 얻어 놓고
어디서 왔는지
하얀 나비 꽃 위에 앉았다

푸른 산이 오월의
마지막 향기를 내 품으며
짙어져 가는 여울목

나그네 되어 하늘 높이
날아가는 마음
깊은 상념에 젖어
햇살 눈 부신 오후 한나절을 나래 펴
버들가지 한가로이 흔들리고

임은 고요에 묻혀 말이 없다

오후의 임 향한 하얀 그리움
푸른 오월 하늘가에 잠기어
꿈으로 부풀어 춤을 춘다

보고 싶은 임

마음은 밤새도록
그대 곁으로 달려가고
갈 수 없는 그리움에
안타까움만 더하네요
그대 환영이
눈앞을 막아
손내밀어 보았지만
허공만 휘저어 볼뿐
잡히지 않는데
보고 싶은 임아
어찌해야 하나요
이 안타까움을
보고 싶은 그리움을
임이 아파하니
제 가슴이 왜 이리 아프지요.

그대는 안개

안개가 자욱이 내리면
아무도 보이지 않는다
곁에 있었던 사람도 보이지 않고
미로 속을 헤맨다
사랑했던 사람의 마음도
안개와 같아서
사랑이 깊어질수록 더
고독해진다
우리는 모두 안갯속을 헤매며
사나 보다

릴케 사랑의 장미

릴케여!
무덤에서 나와 보세요
녹색의 정원에
붉게 피어나는 장미를 보세요
정열의 님
릴케여
다시 살아오소서
사랑하는 임의 계절이 왔느니
나와 함께 사랑을 손질하시지 않으시렵니까?
정을 키워 가시를 잘라버리지 않으시렵니까?
임은 당신의 사랑하는 장미정원에서
가시의 화농으로 가셨지만
저렇게 붉게 피어나지 않습니까?
릴케여!
사랑의 화신
임이 오신다면
들판 가득 피어나는 붉은 장미로
안토니오를 맞이하는

클래오파트라처럼
침실 가득 채워 보시지 않으시렵니까?
릴케여!

잠자리

잠자리 꽁지에
밀집 달아
시집 보내던
유년의 하늘

너무도 높고 맑아서
그리움의 날개 달고
멱을 감는다

순이가 잡은
눈이 큰 장구 잠자리
나는 된장잠자리
손에 쥔 잠자리가 부러워
마냥 오빠를 졸라 댔었다.

딱지를 잘 치던 이웃집 오빠의
무명 홑바지 허리춤 위로
배꼽이 보이고
검정 고무신에
코딱지가 찌든 소맷부리

드맑은 귀뚜라미 연주소리
탱자나무 울타리에
잠자리 날개 접으면
그 위로 오빠의 얼굴이
그리움이
살풋이 내려앉는다.

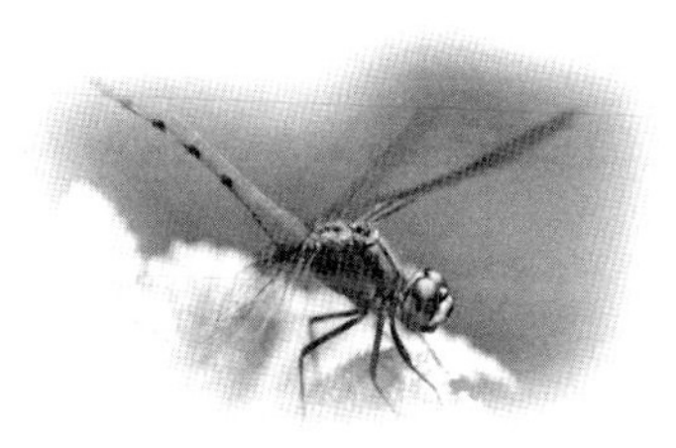

잠자리 날개로

하늘빛 푸르른날
잠자리 날개를 타고
젖은 그리움이 날면
노란 나리꽃 핀 숲길을 지나
하얀 파도 출렁이는 바다를 건너
임에게로 날아갔으면

하늘 아래 첫 동네 · 3

하늘빛 여려
물 버들 푸른 동네엔
풀 내음 풀풀 날리고
입가에 동그라미 그리며
달려오던 고운 눈매의
그리운 그대가 있다

흐르는 맑은 물소리 정답고
다정한 새소리 임의 음성인 양
마음 하늘 높이 날아올라
푸른 하늘 절로 내게 다가오며
동산엔 흰 구름 흘러가던 곳

시냇가 금모래에 그대와 나의 꿈이
물소리 함께 흘러 가는 그곳엔
잔디에 누우면 푸른 별이 가슴에 떨어져
아름다운 꿈이 자라고
그리움 소리 없이 피어나던 곳

얼굴

누구의 열정이 타는가
서산이 저녁 놀 빛으로
붉게 물들어 가네

떨어지는 꽃잎은
누구의 눈물인가
연녹색 질푸른 가슴이 되어
하염없이 떨어지네

찢어 질 듯 아픈 가슴
깊숙이 자리한 사랑
얼마나 더 많은 상처가 나야
머물 수 있을까

그대를 향해
열어버린 가슴
한 뼘도 안되는 얼굴
볼 수도 없는데

푸른 하늘 허공 멀리서
맴돌다 맴돌다
사라지네

등불도 그리움이 되는가

그대는
내 가슴에
어두운 길 밝히는
꺼지지 않는 등불

허공 떠돌다가
외로운 가슴에 살며시
그리움으로 다가와
불을 밝히고

홀로 잠드는 밤이면
적막을 깨고 흐르는 그대 목소리
귓전에 맴돌아 돌아다보면
그림자조차도 보이지 않는다

어둠이 짙을수록
더 밝은 빛을 밝혀주는 그대
이 밤도 등불이 되어
밤새 그리움 실어
내 가슴 위로 나르고 있을까

마음에 꺼지지 않는 등불을 켜고
거리를 헤매는 외로움
뭉게구름 한 조각으로 뜨다가
그대 위해 포근한 둥지를 틀면
내 사랑도 잠시 쉬어 갈까

싸늘한 바람
가슴에 부는 날
홀로 산길을 걷다가
마음의 묻어둔 이름
안타깝게 증발하는 사랑
돌아서니 그리움이 너무 시리다

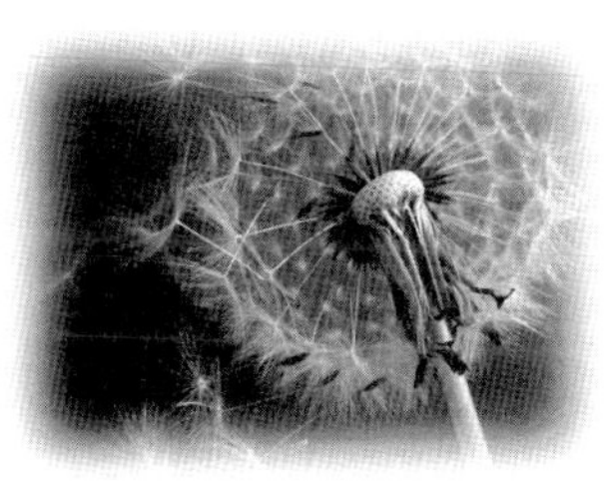

동백꽃 피듯

선운사 동백꽃은
그리운 임 기다리다 지쳐
선홍빛 젖은 그리움으로
피어나고

마른 나무 가지도
봄비에
푸른 꿈으로
촉촉이 젖어 피고

내 가슴 속
그대 그리움도
선운사 동백꽃 피듯
붉은 꿈으로 피어난다

청양 가는 동백꽃

태종대 바닷가에서 잉태한
붉은 동백열매
월계동 그늘에서
칠 년 세월 자라지 못해
어린 나이 청양으로 시집간다
그곳에서 사랑 듬뿍 받아
못다 한 내 사랑 상사화 함께
자랑으로 너
붉게 아름다운 꽃 피거라

장미 · 2
-겨울 장미

여름내 열정으로
못다 피운 사랑
아쉬움에
찬바람 맞으며
홀로 피어
열매도 맺지 못하고
색바래 지고 마는가

그대의 차가운 사랑
가슴 깊이 안고
바람 소리에 여전히
향기를 토해내고 있는
가시 세운 사랑아
울고 있는가

장미 · 3

–하얀 장미

말 없는 그리움으로
소리 없이 세월을 먹는가
너에 고고한 자태
희고 눈부셔
차마 처다 볼 수 조차 없구나
안갯속에 순결함이
젖어 있어 더욱 슬퍼라
그대의
고결한 사랑 간직하고
피워야 할 운명이라고
하얀 이슬방울로
맺혀 떨어진다

장미 · 4
–붉은 장미

푸른 창가에
그대가 내게 두고 간
한 송이 붉은 장미
기다림의 향기에 취해

그를 사랑한 나는
장미 가시에 찔려
아직도 가슴 타는 붉은 피를
흘리고 있습니다

장미를 좋아 한다면
그대는 깊은 사랑을
가실 줄 모르는 사랑의
아픔을 아시나요

장미 · 5
–노란 장미

그대는 아는가
내가 왜
노랗게 피어
가시 세워 울고 있는지
가로등 불빛 속으로
그대를 보내든 밤
속 깊이 흘리든 눈물도
보이기 싫어
오월 어느 정원에
노랗게 피고 있는 것을

비 젖는 오월 숲

그대가 가버린 오월 숲이
푸른 비에 젖고 있다

꽃 비를 뿌리고
떠난 빈자리에
울고 있는 바람이여
아쉬움으로 꽃잎을 흔드는구나

시들 줄 모르던
여린 사랑 꽃이
아프게 가슴을 치고
영문도 모르고 꽃 바람에 휩쓸려
떠나간 이여

그대는 봄이 되면 다시 오리니
슬퍼하지 마라
아쉬움으로 머물다 떠난 빈자리에
푸른빛이 돋아 오른다

내가 그대에게 갈 수 없었던 것도
그대가 내게 올 수 없었던 것도
슬픈 오해가 있었기 때문이다

황량한 들판에 꽃 비를 뿌리고 오던 이여
그대가 가버린 빈자리에
이제는 또 다른 그리움의 오월 숲이
녹색 짙은 비에 촉촉이 젖는다

비 개인 오월 숲

비 개인 숲은
싱그러움이 가득하다
그리움 끝을 놓지 못해
서성거리던 자리
빗물에 말끔히
씻겨간 푸른 숲
하늘 맑아 가벼운 맘
그리움 끝을 놓고
숲으로 가자
숲 속 샘가 떠오르는 얼굴
돌멩이 던져 흔든다
물그림자 구름 위에 뜬
출렁이는 임에 얼굴
또다시 그 위를 덮는다
푸른 사랑 채워 걷는 마음 안
새소리에 묻혀 청아한 산 빛 깊숙이
마음 빨려든다

풀잎으로 눕다

유월의 밤꽃 향기 따라
들풀로 찾아간 산막
새소리에 임그리워
잠 못 드는 밤
초승달 뜬 하늘
먼 산 허리 감은 구름
문을 닫고 누워 자던 풀잎
밤새 별 그림자 쫓다가
그리움에 뒤척이던 눈 비비며
발 위에 앉는 이슬
아침 햇살에 잠을 깬다

운무에 쌓인 지리산 바래봉

하얀 아카시아 꽃
녹색의 푸른 나뭇잎이 피어나는
산의 청춘이 아름답다

으름나무가 보랏빛 꽃을 떨구고
이파리가 여리게 녹색으로 피어 반기는
물길 꼬불꼬불한 뱀사골

반쯤 핀 철쭉꽃은
얼굴 간지러운 듯
꽃분홍으로 달아올라 있고
헉헉대며 오르는 길에
청설모가 앞장을 선다

바래봉에서 바라다본
덕유산 자락
구름이 허리를 감고
발아래가 모두 운무에 가려져
신선인 듯 가슴 뿌듯하다

지나온 길 뒤돌아서 바라보니
아스라이 멀어져 온 길이
신비에 쌓여 아름답다

말없이 내려다보는 그대의 눈길
깊은 상념에 빠져 있어
근접할 수 없는 엄숙함이 서려 있고

그대 마음
고운 정
쑥 순도 파아란이 솟아나는 지리산에서
바라다본 들판 같아라

맑은 골짝기마다 묻히는 사랑
산등성이 따라 오른다

지리산 안개

봉붕이 운무여라
안개 사랑만
외치다 돌아왔네

그대가 내미는
물길 같은 고운 정
찔레순 쌉싸래한 달콤함에
가슴을 달래보다 온
지리산 바래봉

안개 사랑 씻으러 간 마음 자락에
또 다른 사랑 싹 틔워서
가슴에 가득 담아왔네

임아!
임의 가슴 깊이
새겨진 사랑이
저리도 고운 빛깔 미소로
피어나는가?

아!
나는 말문이 막혀
안개에 휩싸인
산의 아름다움에
울음을 터트리고 말았네

겹겹이 쌓인 안개 바다여!
안개 사랑이여!
날 어쩌란 것이냐!
날 어쩌란 것이냐!

유월 숲속 아침 산책길

아침은 새소리로 와서
희뿌연 안개 속에
너울을 펼치고 있다

누워 자던 풀잎이
이른 잠에서 깨는 아침
홀로 걷는 산책길에
발 위에 이슬이 앉는다

밤새 논을 갈던 머슴새도
휘바람 새가 불던 휘파람소리도
딱따구리 나무 찍는 소리에 묻혀
G 장조로 깊은 산의 정적을 깬다

원시로 돌아가
꿈과 낭만을 추던 애증
아스라한 꿈속으로 밀려가고
신선한 사랑으로 하나 가득 품은
산의 정기로
신은 자연을 빗질하며 안겨준다

풀잎으로 누워 자던
그리움이여
밤꽃향기에 잠 못 들던 여인의 옷깃에
이른 아침 숲 속은
불나방 앞장세워
오늘을 또 연다

과수원 길

뿌연 안갯속에
정갱이까지 차오는 이슬 헤치고
과수원 길 오르면
이른 아침잠에서 깬
탱자나무가지 끝
잠자던 장구 잠자리
발자국 소리에 놀라
하늘 높이 날아오른다
밝아오는 햇살에
과육이 칠월로 익어가면
풍요로움도 알알이 맺힌다

능소화

고향 집 굴뚝을 타고
남몰래 올라간 능소화

밤이면 달빛에
꿈을 안고 피어나서

그리운 임 행여 보일까
창문 넘어 엿보다가

그리움 안으로 감추고
매운 속 아림 참아 내다

내리는 빗물에
절로 떨어져 눈물 짓네

행복

나는 앞치마를 두르고
당신을 위해
정성과 사랑을 담아 요리를 하고
환한 웃음 지으며 돌아오는
당신의 힘찬 발자국 소리를 듣고 싶다

당신은 나의 모든 허물을 이해하고
맛이 없어도 맛있게
식사를 하고 다정한 눈빛으로
바라다 봤으면

당신은 나를 위해
나는 당신을 위해
모든 걸 다 바치리라

행복은 사소한 느낌에서부터 오는 것
내가 베풀면 항상 돌아오는 것은
보다 더 큰 사랑이란 걸

푸른 하늘 빛이 고아 보이는 것도
새들의 노랫소리가 정겨운 것도
길가에 밟히는 풀 포기조차도
행복한 기다림이 있다는 것을 알기에
먼 훗날에는 사랑만 가득하리라

밤마다 젖어드는
당신의 그리움을 안고
난 행복으로 맞이하며
하루하루를 내 모든 생을 다 해 오늘을 산다

진정 당신을 사랑했습니다

진정 당신을 사랑했습니다.

창밖에 쏟아지는 빗줄기
그리움이 흘러내리는 밤이면
더욱 당신이 보고파 졌습니다

당신은 이런 제 맘 알기나 하는지요
홀로 돌아눕는 밤이면
말없이 속알이를 해야 하는
풀잎에 맺히는 이슬방울의 그리움마저
가슴 깊이 싸여야 하는

사랑한다는 말 한마디 없어도
기다린다는 약속이 없어도
외로움으로 자꾸 달려가는
내 마음의 보고 품을 어찌해야 하나요

보고 품에 여위어 가는 내 모습을 보며
하루하루를 당신 그리움에
속울음 삼킵니다

나를 그대가
영원히 돌아보지 않는다 해도
그대의 모습 그대로를 사랑하는 나

바보 같은 사랑이
오늘도 당신이 그리워
빗소리에 잠 못 들어 합니다

진정 당신을 사랑했습니다
나 자신도 어찌하지 못하고
흐르는 눈물방울을 훔치며
그리운 당신 모습 떠올리며
어쩔 수 없이 당신을 그리워 합니다

이 밤을 우는 빗소리와 함께
진정 당신을
당신을 사랑했습니다

나팔꽃

벽돌담 울타리에
금빛 나팔 불던
슬픈 오빠의 얼굴이
분홍으로 피어 있네

뒷동산 무덤가
잔디밭에 앉아
트럼펫 불던
그리운 오빠의 슬픈 얼굴

꽃보다 허무한 삶을 살다간
해맑은 모습이
한없는 그리움으로 피어
옛 생각 불고 있는 꽃

그리운 사랑 가슴에 묻고
산딸기 따서 내밀던
하얀 손이 꽃 속에서 나와
이 아침 나팔을 불고 있네

아침마다 분홍 꽃문을 열고
찬란히 불던 젊은 날의 사랑
햇살에 못 잊을 사람 곁에 두고
청춘에 조용히 봉오리 닿는다

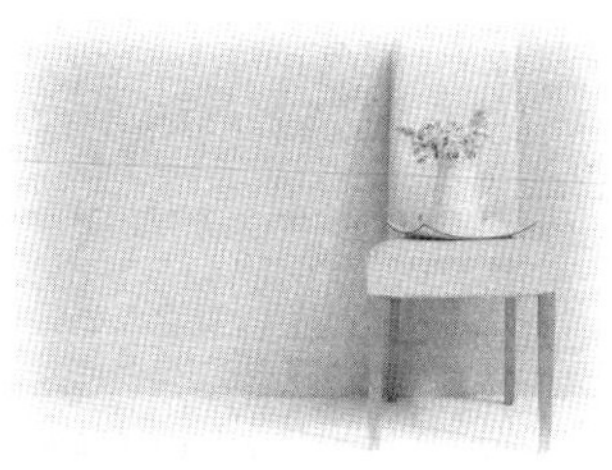

2부

빗물에 가슴 적시는 애뜻한 사랑

비 오는 날의 회상

비가 오네요
그리움이 유리창에 흘러내리네요
내 아픈 지난 사랑이 흘러내리네요
사랑은 이토록 외로움을 주나요
지난날 그대가
내 가슴에 꽂아 주던
한 송이 붉은 장미꽃
가시에 찔려 흘린 붉은 피가
가슴을 아프게 적셔
비 오는 유리창에
하염없이 흘러내리네요
광화문 광장 돌 위에 앉아
그리움 마음 적시던 그 비가
이 여름밤 또다시 내려
마음을 외로움에 떨게 하네요
나를 보내야만 했던
그대 마음은
웃음 짓는 모습이었지만
속은 울고 있었다는 걸

난 알아요
비 오는 여름밤
정열을 한꺼번에 태워
평생 그 사랑 하나 지녀
가슴에 못이 되어
울어야 할 사랑
어두운 밤 가로등 불빛 속으로
떠나 보내던 그대 맘 알지만
그대여
꼭 그래야만 했었나요
한 번쯤 따뜻이 안아 줄 수는 없었나요
그대의 젖은 눈망울 쓸쓸히
이 빗속에 묻혀
비 오는 유리창에
하염없이 하염없이 흘러내려
이 밤 외로운 내 가슴을 적시네요
비가 오네요
그대의 쓸쓸했던 눈동자
외로움의 비가

가슴을 타고 흘러 흘러서
한밤을 하염없이
회상의 날개를 타고
그대 슬픈 얼굴로 적시네요
아프게 유리창에
지난날 그리움의
수채화로 흘러 내리네요

밤비 내리는 날

그대가 그리워
그리움의 비가 내리는 날
가슴 깊이 젖어드는 눈물
젖은 눈 우수에 찬
네 맘이 들어와 박혀
외로운 맘
밤비가 흔들고 가면
아른대는 모습 가슴에 품었다

오늘처럼 밤비가
소리 없이 꽃잎에 내리면
살며시 너의 가슴
열어 보고 싶어져
내리는 빗물로 찾아가
네 맘 두드리는
그리움의 내 눈물이라는 걸
아는가?

임아!
사랑하는 임아!

비 오는 여름 밤

그대 그림자 안고
잠드는 여름밤

밤 불빛에 비치는
붉은 장미는
젖어 있어
더욱 아름다워라

꿈속에 뵈온
임의 그림자
애틋하게 멀어져

걸어나온 그리움
보고 품에 한밤을 적시네

빗물에 그리는 얼굴

그대 멀리 있어도
꽃은 피는가

온밤 내 물안개 피고
쏟아지는 빗물
흐린 유리창
손가락으로 그려보는
임에 얼굴

붉게 그려보았으나
빗물에 번져버리고

흐린 안개에
잘 그려지지 않아
하얗게 바래 피었다가
서글프게 흘러내리네요

빗물에 적시는 그리움

비 오는 아스팔트 길 위에
떨어지는 세찬 빗방울
그리움에
하얗게 눈물 꽃이 피고 있네

물안개 퍼지는
가로등 불빛 속으로
쓸쓸히 뒷모습 남기고
멀어져간 사람아

외로움에 품어내는 담배 연기 자욱한
선술집에서
흘러간 옛노래 안주 삼아
추억을 잔에 띄워 들이키고 있을까

아련히 젖어 오는 눈동자
하염없이 내리는 빗속에
눈물로 흘러내려 적시는 유리창
서글픈 지난날 그리운 꿈이 흘러내리고

푸른 나뭇잎도 물방울에
망울망울 맺혀져
그리움이 항상 가슴에 남아
베갯잇을 적시네

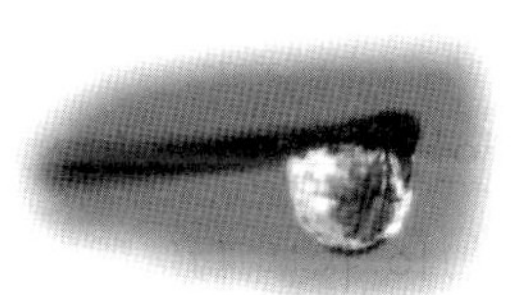

그대 그림자 가슴 젖는 날

비 오는 날은
하얀 그림자로
광화문엘 가야 한다

그리움 안으로 삼키던
장미꽃 한 송이를
보러 가야 한다

헤어지기 싫어
가슴이 외로워도
떠나는 버스에 마음 실어
보내야 했던 그날처럼

비에 젖어 그대가
보이지 않더라도
가로등 불빛에 서서
추억하는 사랑이여

이렇게 비가 와
그대 그림자에 가슴 젖는 날은
덕수궁 돌담길을 돌아
광화문엘 가야 한다

비 오는 날엔 광화문엘 가자

비 오는 날에는
사랑이 머물던
광화문에 가자

연보랏빛 사연
뚝뚝 떨어지는 빗소리에
가로등이 졸고

헤어짐의 눈물
떠나 보내던 그리움이
차창에 흘러내리면

비에 젖는 장미꽃 한송이
시들어 버린 지금
못내 서러워
젖어 내리던 눈동자

그날을 기억하며
쏟아지는 비와 함께
외로움 술잔에 넣어 마시며
품어내는 담배 연기에
태우는 열정 가슴에 삭이는

이렇게 비가 쏟아지는 날은
헤어진 그날을 마시러
광화문엘 가자

비 오는 창밖 그리고 강

12층 호텔 커피숍에서
내다보는 비 오는 창밖
물안개 퍼지는 한강
강줄기 아련히 묻히는 물안개에
멀리 잠겨오는 저녁 으스름이
잔잔히 흐르는 음악 소리가
그대를 생각나게 하네요
유월의 녹색 싱그러움으로
그리움이 밀려오는가
물안개 퍼지는 그리움이여!
그대는 지금 무얼 하시나요
길을 따라 눈길이 밀려가고
그곳에 강이
강 위를 걸어가면
안개 자욱한 희미한 창밖은
경계가 없다
하늘인가
강인가
지금은 나도 없고
그대도 없다

동해의 아침

고기잡이배들이 불을 켜고
아침을 열며 먼 바다로 나가고
해안선에 하얀 파도만이 부서지는
안개 낀 아침바다는
흐린 하늘이 무겁게 내려앉아
경계선이 없다
잔잔한 물결이 무엇을 말하는가
굼실거리고
갈매기가 이제 막 잠에서 깨어
먹이를 찾으며
물결을 차고 날아오른다
해변의 갯내음이 물씬 풍기는
아침 바다는 미역 냄새와 함께
먼 지평선 넘어
푸른 물결을 타고 날아온다
아무도 없는 아침 백사장
해녀의 푸른 자맥질이
잔잔한 바다 함께 평화롭다

채석강 바위에 앉아

변산반도 채석강
그대와 함께 갔었지
바닷가엔 바위굴이 있었어
채석강 바위에 앉아
그대의 깊은 눈을 바라보며
가슴에 흐르는
파도소리 듣던
노을지는 바닷가
그때는 꿈이 있었어
그대는 가고 나 홀로
다시 찾은 채석강
밀려오는 파도에 실려
외로움만 놀 빛에 지고 있네

바다를 바라다보면

바다를 바라다 면
그 사람이 생각난다
왜 내 가슴 속에는
그 사람만이 꽉 차 있는 건지
손바닥으로 가리면
다 가릴 수도 있는 얼굴인데
하늘가 멀리 그리고
바다 건너 수평선 멀리
크게 그려 질뿐 지워지지 않는다
내 머릿속엔 왜 그렇게
그 사람이 자리해 지워지지 않고
종일 그 사람 생각에만 머물러 있을까?
많은 사람 틈에서도
마음 한켠 그 사람 외엔
언제나 외로움으로 차서
텅 비어 있다

바다를 바라다보면 · 2

비 오는 바닷가는
한없는 물보라를 일으키며
내 마음을 앗아가 버린다
절벽에 부딪히는 아픔이
앗아가 버린 사랑이던가
말 못하는 벙어리로
발 디딜 때마다 칼로 돌려내는
인어공주의 사랑이던가
절절한 그리움이
사그라지는 물거품이던가
수초로 자란 아픔
영원을 묻지 못해
잘려나가는 그리움이던가
비 내리는 바닷가에 서서
물보라를 바라다보며
가버린 날은 돌아오지 않는데도
상처가 돋아나
파도치는 생을 돌이켜 본다

당신을 만나면

당신을 그리워하다
내가 죽어 다시 태어나
당신을 만나면
오로지
당신만을 위해서 살겠습니다

가슴에 채워 넣은 열정
태우고 나면 모든 게 소멸돼
재도 남지 않는
사랑의 불꽃일지라도
나 그대 위해 살겠습니다

불나비 그리고 사랑

뜨겁던 어느 해 여름
그대의 손끝에서
장미꽃 향기에 피어나든
그리움
가로등 불빛 밤마다 찾아와
헤매는 불나비
얼마나 사무치는
그대 그리움이기에
사랑의 불꽃으로
스스로의 열정에
그리움에
타들어가 죽고 마는가
한번 준 마음 변함없이
그대 속에 스스로 뛰어드는
외로운 불나비

잃어버린 사랑

백 년도 못사는 세상
잃어버린 사랑은
하룻밤에 쌓았다가
파도에 지워지는 모래성 같은 것
절벽 위에 선 죽을 것 같은 절망
육신이 갈가리 찢기는 아픔
무엇이 그토록 아쉬워
애절하게 맴돌다 부서지는
물거품으로 지는가

사랑이 오는 아침

맑은 새소리
들리는 창가
눈부신 햇살
떨어지고
무지개로 퍼져가는
행복한 꿈
임이 오는 소리
싱그러움으로
가슴에 차올라
요동을 친다

그리움으로 여는 아침

뿌연 안개 숲에 청자빛 하늘이
새벽의 문을 열면
산새들의 지저귐에
밤새 누워 자던 꽃도
길을 열고 있다

하얀 망초 꽃 속에
바람이 누워 살고
나는 그대 안에 피는
순결한 꽃이 되어
비운 마음 사랑 안에 산다

아침 산책길에
밤새 그리웠던 소망 담아
달빛에 내린 이슬로 풀잎에 맺혀
햇살 안에 스러지는 생일지라도
그대 생각에 그리움 열고
앞날을 꿈꾸며
산다

그리움

매미가 울어대는
칠월의 아침
녹음은 짙어가고

그리움의 물결
한밤의 열기로
밤새 뒤척이다가

보고파
숲으로 가면
노란 산나리꽃 하얗게 웃음 웃네

내 가슴엔 그대만 있어

푸른 물 뚝뚝 떨어질듯
하늘빛 고와라

순수로 꽃물 드는 가슴
사랑으로 아름다워라

나리꽃 반기는
푸른 숲길

가슴에 그대 있어
더욱 정다워라

눈부시게 다가서는 모습
영원하여라

푸른별

그대가 계시는 곳
푸른 별이 쏟아지나요

푸른 언덕
잔디위에 누워
그대의 팔을 베개 삼아
쏟아지는 푸른별을 볼 수 있었으면

별 속에
그리운 내 임의 얼굴이 있으련만

갈 수 없는 그리움에
무심한 별빛만 바라보다
님 그림자 안고
홀로 돌아서 온다

푸른 별 사랑

푸른 별이 쏟아진다
임아
오월 숲으로 가자
그대의 숨결이 다가오던 숲에
오월이 가기 전
별빛을 가슴에 안아다
모조리 꿔 어 목걸이를 만들어
걸어 준다던

보고 싶은 사람 팔베개하고
뒷동산에 누워
가슴에 피어나는 푸른 별
밤새도록 떨어지는 별빛
들이마시며
그리움에 취하던 곳

푸른 별 같이 바라보던
나에 임은
언제 다시 돌아오려나
이곳에서 항상 기다리는데

푸른별 그리움

밤하늘에 수놓던
무지갯빛 꿈
쏟아지는 별빛
그대의 눈동자 같기만 해서
오월 숲에 앉아
하늘을 보네

호수에 잠긴 별도
가슴에 잠긴 별도
푸르기만 한데
그리운 임이여
푸른 별 임의 마음
가슴에 묻으면
만날 수 있으려나

지난날 그대의 어깨에
기대이고 잠이 들던
푸른 숲에
그리움
널어 놓으렵니다

그리운 임이

행운 실은

푸른 별 되어

오시라고

푸른 별 그리움 · 2

아무도 모르게
그대 향기에 취해
진실을 열어버린 가슴
그리움 되어
눈물비 흐르네

푸른 별 쏟아져 내리는 바닷가에
홀로 서서
푸른 물결 넘실거리는
저 바다 끝 수평선 너머 있을
그대에게 가지 못해
종이배 띄워보네

그리움이 파도에 밀려 가슴으로
자꾸만 기어오르는데
보고픈 마음은 섬으로 떠
멈출 줄 모르네

푸른 별 기다림

그대가 머무는 그곳으로
마음은 달려가고
오늘도 아니 오시나
별빛 떨어지는
바닷가에 나가 보네
파도치는 물그림자에
푸른 별이 떠서 출렁이면
나는 그대 그리워하며
바닷가 언덕에
기다림의 별빛 띄우네
오시는 그 길이
이리도 멀어서일까
돌아드는 물길만
등대에 섞여
그리운 얼굴 함께
하얗게 피어났다 지네

푸른 별 보고픔

그리움 떨어지는 바닷가에 서서
임계신 바다 건너 바라보며
밤새 푸른 별 빛 타고
그리움 보내도
임은 섬으로 떠
물같이 까닭 없네

놀지는 바다 저편 너머
바닷가에 버린 아픈 사랑
다 버리질 못해서
내게로 파도에 실려 밀려오네

소라야
너는 아느냐
한밤을 그리움에 지새는 마음
푸른 별 그리다가 잠이 드는 애처로움을

파도야
너는 듣느냐
임 그리다 가슴이 고동치며
밤새 뒤척이는 소리를

푸른 별 영원

그대가 꿈을 안고 온다기에
밤 새워
기다리다 가는 이곳에
별빛은 쏟아지고
그리움도 쏟아지고
영원으로 사랑이 쏟아지고

그대와 풀꽃 꿰어 놀던
언덕에 앉아
푸른 별 되어
가슴 깊은 곳
꿈으로 피어
그대 품에 안겨
영원히 잠들렵니다.

푸른 별 빛

임의 마음인가
별빛은 찬란히 빛나네
가슴 안에서
온 세상 빛이 없어도
푸른 별 빛 따라 길을 가네
그 별빛 사라지면
내 마음 어둠뿐이지
작은 가슴 안
언제나 길을 밝히는
희망의 빛이여
이상이여
푸르게 푸르게
빛나거라 영원히

창가에 앉아

그대 그리움의
창가에 앉으면
저녁 놀 빛 아름다움으로
다가오는 그림자

별들이 돋아나는
창가에 앉으면
내 마음 깊은 곳
외롭고 쓸쓸한 사랑이여

혼자서 태어나
마음 깊은곳 말없이 자라
내보일 수 없음에
그리움만 키운다

마음에 새긴 사랑

그대는 모르지요
그대의 목소리를 듣고
내가 얼마나 행복에 겨워하는지를

그대는 모르지요
그대의 모습을 얼마나
보고 싶어하는지를

눈감으면 꿈속에서
눈을 뜨면 허공에서 맴도는
그리운 얼굴
들려 오는 그대 목소리

바다 건너 멀리에서 들려오는
그대의 목소리 듣는
그런 날은 내가 살아 숨 쉼을 느낍니다

마음 한없이 부풀어 올라
푸른 하늘 높이 올라가고
지저귀는 새소리 정답고
저절로 핀 들꽃이 싱그러운 것도
그대가 마음속에 있기에 느낀다는 것을

이것이 행복이었음을
이것이 사랑이었음을

연꽃에 새긴 그리움

가슴에 묻던
그대의 고운 자태
흠모하다가
연분홍 향기 담아
연연한 마음
푸른 그리움으로
말없이 품어내고 있구나

사랑하는 임
가슴 깊이 묻은체
두 손 합장하고
얼마나 많은 그리움
눈물마저 거부하며
연잎에 떨어지는 빗물
수없이 동그랗게 흘려보냈느냐

진흙 속에 피는
아련한 그리움이
향불로 감돌아
연기로 흩어져도
육신이 찢기는 아픔
업보인 양
숙연하게 물들이며
분홍으로 곱게 피는구나

연꽃에 그리는 사랑

떠오르는 얼굴
별빛에 수놓아
아리게 그리움 삼키고 있는
진흙 속에 피는 연꽃

얼마나 많은 아픔을 삼켜
저리 고운 꽃잎을 열고
아픈 만큼 더 곱게 피고 있는가

손목 한번 잡아 보지 않았어도
진실로 그리울 수 있는건
마음을 솔직히 연 때문
충분히 아름답게 그리움의 꽃은 피지 않을까

슬픔마저도 거부하는 순결
그대는 영원한 내 사랑
가슴 속 고요히 그리움의 물결로 흐르고 있다

3부

아득히 바래 핀 꽃

상사화 · 4

그대의 연연한 고운 모습
한순간에 들어와 박혀
눈앞에 아른거리고
지우지 못하는 괴로움 때문에
큐피드 화살 맞은 심장이
터져 버렸네요

그대 향한 마음 접으려 해도
그 옛날 추억의 뒤안길에
그리움 깊어져
연분홍 그리움으로
가슴에 꽃피우고
형체도 없이 사라진 사랑이
그립게 하네요

그대의 애잔한 그리움
가슴에 젖어
진한 고뇌의 빛깔로
서글프도록 아름답던
젊은 날의 내 사랑이
외롭다

상사화 · 2

그대 그리움이 깊어져
병이 되었나

만날 수 없는 그리움에
말없이 피어나
먼 하늘만 바라보다가
분홍으로 연 밤

그대 그리다가
이슬로 스러져
땅에 묻히면
만날 수 있을까

그대 그리워하다
안타깝게 져버린 뒤
그때서야 그대가
그리움을 알고 돋아나는 걸까

갈대 · 4

둥지를 틀던 새들도 날아간
하늘이 시원스레 내려와
맞닿는 바닷가
광양 순천만 갈대숲에 앉아
하늘 마주 바라보던
서늘한 눈빛
그 입가에 미소 남아
외로움으로 배회하는 서러움의 갈꽃

으스스 흩어지는
바람 소리는
이별의 속삭임
하늘을 껴안아 보던
가슴, 가슴마다
아득하게 바래버린 마음 깊이
갈꽃만 하얗게 그리움 되어
추억으로 날린다

갈대 · 5

수평선 맞닿는
멀리
겹쳐지는 그대 얼굴 때문에
헝클어진 머릿속이
윙윙 갈잎 피리 불어 댄다

하늘은 파래서 더욱더
차라리 이별은 먼데
자꾸만 자꾸만
아쉬운 그리움에
손짓하는 갈대들이
깊이도 알 수 없이
빠져버린 그리운 마음
바다 깊이 담그고
떠나지 못하고 있다

갈대 · 6
–명성산 갈대

저무는 가을 산자락에
은발을 풀어 헤치고
흐느끼는 노인네의 머리칼
갈 때가 되었음을 아는 걸까
소슬한 바람결에
소리 없는 흐느낌이 흐른다
왕건의 넋이
살아 숨 쉬는 골짜기
외눈박이 미치광이 왕의
외침소리가
들리는 듯도 하다

갈대 · 7

하느적 대는
갈대숲에 앉아
생각 깊어
빈 하늘에 네 얼굴
그려보다 눈물 짓는 것은
그리움이 깊은 까닭이지

그대가 가버린 빈 들녘에
하얀 그리움의 꽃이
추억으로 피네
가버린 날은 오지 않는데
하얀 기다림의 꽃이
아프게 홀로 피네

갈대 · 8

안개비 자욱이
어스름 내리는 저녁
하얀 꽃잎 흩날리는
그리움 깊은
갈대숲에 앉아
종일토록 그대 가고 없는
추억의 그림자 쫓다가
아쉬움에 하얀 그리움
꽃잎 되어 홀로
걸어가네

갈대 · 9

그리운 그대를
가슴에 품고
살아가는 세상
멀리 있어 잡히지 않는
하얀 그리움이
빗물 되어 흐르네

잊으래야 잊을 수 없는
그대 얼굴
푸른 하늘에 크게 그려져
눈을 감아도
자꾸만 사무치게
허공 멀리 떠오르고

가을꽃 하얀 그리움
흩날리는 언덕길
오실 날은 기약 없어
지는 해 바라보며
쓸쓸히 홀로 서 있는
여인의 마음

그대여
아는가
바라만 봐야 하는
바다 멀리 있어 이밤도
보고 품에 지쳐 잠들지
못한다는 것을

갈대 · 10

그대는 내게 말했지
세상이 끝나는 날까지
사랑하겠노라고

그대는 내게 말했지
그리움도 그대에게만
있노라고

쓰러진 빈 술병에
외로운 사연 담아
뒤로 접어 두고
아픔만 남긴 체
그대는 가고

하얗게 흩어지는 꽃잎에
흐린 얼굴이 아른대는
이제는 생각나는 기억도
잊어야 할 때인 것을

아아,
그대가 이제 다시 온들
무슨 소용 있나
피멍으로 얼룩졌던 기억도
한세월에 묻혀
잊혀진 얼굴이 되어 가는 것을

그대 가버린
마음 한자락
붉은 가을 산에
추적추적
비가 내리네

산 넘어 소리 없이
어스름 오는 저녁
서걱대는 하얀 갈꽃잎이
눈물로 흩날리네
흩날려 덮이네

사랑 · 4

가슴이
푸른 물빛으로
한없이 일렁인다

따뜻한 커피 한잔으로
차가워진 가슴을
달래본다

스쳐 지나갈 거라면
그냥 모르고 지나가지
봄은 왜 들여다 놓고
그렇게 이슬방울로
사라지는 게지

피멍 져 아파도
울음을 삼켜야 하는
그게 사랑인가

아아,
그것은 죽음보다 더한
고문인 거야

사랑 · 3

사랑이 그렇게 아지랑이 들녘에
왔다 가면
가슴은 눈물방울 맺는다
그대가 한세월 흐른 뒤
그리움이라고 말하지만
지쳐 스쳐 가기에
한없이 외로워져
그대를 못 잊어 하며
나 사랑했었노라고
잔인한 운명의 소용돌이에 휘말려
한없이 고고해진
서러운 몸짓으로
율무하고 있었다

사랑 · 5

그대가
봄 들녘 아지랑이로
꽃 뿌리며
별을 안고
내게 오는 사랑은
빛이다
그것은 생명이다
그대 사랑 사라지면
내 가슴은 캄캄한
어둠뿐이지

사랑 · 6
-솜사탕

이른 봄
바람이 살랑대는 학교 앞
세월의 깊이가 새겨진
검게 그을린 할아버지 얼굴
빙빙--
둥그런 통 안에서 돌아 나오는 솜사탕
혀끝을 대니
형체도 없이 입안에서 녹고
사랑이 아지랑이에
녹아내리는 봄날

부풀어 오른 솜사탕,
사랑이
그리움이
그대 마음 안에
녹아내린다.

사랑 · 7

꽃은 피어도
내 가슴은
봄이 아니야
차가운 그대 마음이
내 가슴에 있기 때문이지
그대 사랑
꽃 피울 날
어느 때일는지
그대 사랑하는 것은
내 잘못은 아니지
사랑은 언제나
나 자신도 어쩌지 못하는
아름다운 희열이니까

사랑 · 8

그리움에
망울망울 눈물 맺히고
외로움에
흐느끼던 사랑

항상 보내고
그리는 그대가 있다

사랑은 떠나가도
남겨진 사랑은
진실로 사랑했을 때에
남는 거라는 사실에
한없이 고독해져
아파 울고 있다

마음 깊은 곳 어루만지다
스러지는 아픔일지라도
그대만을 위해
죽음을 건너가는
흐르는 강물로 살며

눈부시게 피는
하늘 만한 얼굴
그대 눈 속에 차다
지리라

사랑 · 9

곧게 뻗어 나간 철길
그 끝에 무엇이 있을까
묻던 옛날
철길만이 아는 옛이야기가 있다

가슴 아리는 애틋함에
그리운 얼굴 맴돌아
팔 벌리고 걷든
닿지 않는 철길은
언제나 그리움의 아련한 향수

그대의 따뜻한 눈길
때묻지 않은 모습으로 남아
늘 가슴속에 머물고

가슴 가득 눈물 베인 사랑도
임에 고운 맘처럼
모든 게 아름답다

사랑은 닿을 수 없는
영원한 평행선이라며
그 옛날
닿지 않는 세계로 가버린 그대

하늘 적신 바램도
아득한 철길 넘어
그대 그리움
꽃잎에 진다

사랑 · 10

가슴 저림으로
떠있는 사랑
날 울리지 말아요

젖은 웃음 삼키다
얼마나 아팠으면
피멍이 져 피어 있을까

안녕하며 돌아서는
가슴 찢어질 듯 아파
마음 깊이 흐르는 눈물
그대 아시나요
그러나 눈물은 보이지 않을래

사랑도
인생도
그리움도
다 부질없는
부평초 같은 것
떠돌다 지면
그만인걸

사랑이여
이제는 가슴속 아프게 피지 말아라

푸른 장미

그대는 내 마음에
푸르게 피어
그리움으로
가슴 멍들이고 가네

그대 안에만 피는
그리움이라면 오지나 말지

꿈결 따라
푸른 물결 따라
밤마다 와서는

이룰 수 없는 사랑
푸르게 피워
말없이 그리움 주고 가네

아 사랑
영혼 불멸의 내 사랑아

푸른 장미 · 2
–영원으로 피는 꽃

가슴 깊은 곳
고이 간직했던
손끝과 손끝에서
피워 낸 장미
상처가 그리도
가슴 깊게 자리해
꽃잎마저 멍이 들어
푸르게 푸르게
영원으로 피는가

아 사랑
영혼 불멸의 내 사랑아

**푸른 장미 꽃말: 영혼불멸의 사랑. 꿈속의 이상. 마법의 세계에서는 희망의 상징. 이상의 세계

푸른 장미 · 3

–영원한 사랑

그대의 말 없는 사랑
영원으로 늘 푸르게
쏟아지는 푸른 별을 안고
여린 꽃잎 곱게
피어나는 장미

하늘빛 푸른 꿈
영원히 변치 않는
그리운 마음 접어 피네

눈감으면 그대의
바람原 안은 장미 향기
물결 타고
꿈결 타고
바다 건너 멀리
실려 보내오네

수많은 밤
영원히 변치 않는
나만의 사랑을 위한

아 사랑
영혼 불멸의 내 사랑아

푸른 장미 · 4

-아리게 우는 꽃

내 외로운 눈물 띠어다가
그리운 꿈 엮어
그대 창가에 걸어두면
비단결 부드러운 달빛 타고
밤새 이슬로 내려
사라지지 않는 그대 가슴속에
푸른 장미로 피어날까

그리움이 그대 찾아
하늘 멀리 날아가
안쓰럽게 젖어드는 보고 품에
활활 타는 가슴 열어
잠 못 이루는 밤

외로운 푸른장미
흐느끼듯 가슴에 피어
푸름으로 아리게 우는

아 사랑
영혼 불멸의 내 사랑아.

푸른 장미 · 5

-푸르게 피는 사랑

그대는 내 사랑
깊은 밤
아무도 모르게
푸른 별을 안고
가슴속 깊이
푸르게 피어나는
아 사랑
영혼 불멸의 내 사랑아

푸른 장미 · 6

푸른 별빛 쏟아지는
바다 건너
보고 싶다는 말 전해 봅니다

임은 허공 멀리에 있고
달빛 타고 흐르는 그리움
어쩌면 닿을 수도 있으련만

보내도 보내도
모른 체 말없이
그대는 내게 젖어드는 푸른 장미

아 사랑
영혼 불멸의 내 사랑아

푸른 장미 · 7

당신 보고 싶어 질까봐
전화기를 들었다 놓습니다
목소리 들으면
정이 더 깊어 질까 봐
아무 말 못 하고
벙어리 멍 가슴 됩니다
보세요
당신은 바다 건너
멀리에 있고
그리움 쏟아지면
나, 어찌해야 하나요
대답 해 보세요
가슴속 푸르게 피는
아 사랑
영혼 불멸의 내 사랑아

푸른 장미 · 8
-그대 이름

애초에 피우지 못할 꽃이라면
피지 말라고 소원 묻었는데
모두가 잠든 푸른 밤
그대가 남몰래 별빛 타고
가슴에 스며들어와서
환상의 사랑 꽃을 푸르게 피우고
소리 없이 가는가

싱그러운 오월이 지나는 바람결에
피어나는 그리움의 꽃이여
임은 바다 건너
그리움 묻은 섬으로 떠
말이 없는데
어쩌자고 너는 자꾸만
저절로 피느냐

푸른 장미 피어나는
한없는 외로운 밤이면
꿈속에서조차 떠올리지 못하고
만날 수 없는 그리움에
보고 싶다고
숨죽여 가만 불러보는
그대 이름

아 사랑
영혼불멸의 내 사랑아

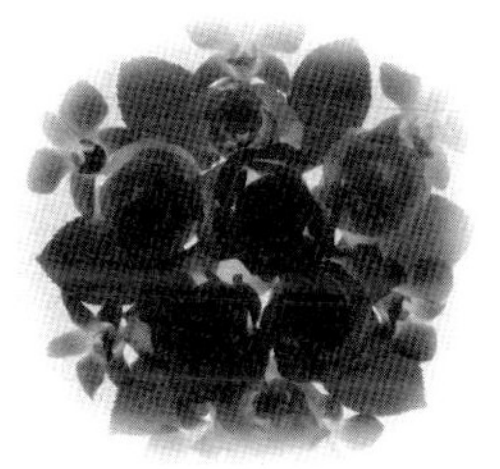

푸른 장미 · 9

-그리움으로 피는 꽃

무지개 다리 놓아
푸른 바다 건너 그대에게
그리운 마음 달려가고
잠에서 깨어나면
그대는 흔적도 없이 사라져
지친 그리움만
서성거리는 마음 언저리
사랑아
어쩌자고 정 들여놓고
돌아서서 우느냐
아름다워 눈부신 그대 얼굴이
뜻도 없이 홍수 져
가슴 뭉클한 그리움
한꺼번에 밀려와
보고파서 죽을 것 같은 내 사랑
별이 흐르는 밤하늘 속에
흩날려 보내는
쌓여 있는 그리움의 찌꺼기
피어나는 푸른 꽃잎에 말린다.

아 사랑
영혼 불멸의 내 사랑아

푸른 장미 · 10

–장미 가시 그 사랑

바람결에 날아오는 그대 그리움이
가슴을 아프게 하네요
창밖은 오월의 장미가 한참 피어오르는데
잘려나가지 못하는 가시에
릴케만 가시에 찔려 죽은 것은 아니야
아
나도
장미 가시에 찔려 죽은 사랑이 얼마이던가
죽으면 피어나고 피어나는
푸른 장미여
이제 클레오파트라처럼
침실에 푸른 장미로 쌓아 볼까나
아사랑
영혼 불멸의 내 사랑아

4부

첫사랑 그시절 그리운 추억이

밤의 정거장

밤의 정거장은
너무도 쓸쓸해
한둘의 길손만이
외로이 오갈 뿐

희미하게 흘러오는 불빛이
가슴속 그리운 이의
모습을 떠올리고
금새 지워지는 희미한 불빛 흐르는
밤의 정거장

1968년 8월 20일 (고2)

가버린 소녀야

벗이 주고 간 많은 사연
서러운 가슴에 안았습니다

낙엽이 붉게 물드는 어느 가을날
끝내 가버려야만 했던
소녀야 !

진정은 낙엽이 주고 간
서러운 이별이었지?

1967년 10월 10일

울음이 고이고 있었다

어디선가 흘러온 안개에 쌓여
뽀얀이 밝혀버린
밤의 서글픈 시정 속에
울음이 고이고 있었다

가슴은 무너져
머언먼 공간으로, 공간으로
허무히 무너져 가는데
어디선가 아무도 모르게
밀려온 울음이 고이고 있었다

이끼 낀 숲에선가
안개 낀 거리에선가
높고 먼 하늘의 별빛에선가
어설픈 웃음을 띠고
자꾸만 밀려온 울음이 고이고 있었다

1970년 8월 13일

사모

멀리서 당신을 바라보고
있노라면
뜻 모를 한숨이 흘러요

코발트빛 하늘에
흩어지는 구름처럼
먼 곳에 계시기 때문일 거예요

당신을 멀리서 바라보고
있노라면
왜 그런지 자꾸만 슬퍼 저요

사모하는 당신이
멀리로만 가시기 때문일 거예요

1970년 4월 25일

졸업

싱그런 장미빛 화환
그건, 그의 사랑만큼이나
아름다움의 조화

축복받는 기쁨과
축복 주는 기쁨이 엉킨 운동장

푸라탄이 선 벤취 아래
밀어 스민 발자국들……

차라리 보고픈 얼굴은
저만치 멀어지는데도
기쁨이 넘치는 건 왜일까?

설레였던 가슴팍 한구석에
떠나 보내야 할 아쉬움을 안고서도
졸업장 한 장을
꼬옥꼭 안아 보며
잘 가라고 흰 손을 흔드는
소녀의 아쉬움도
지는 석양에 타고 마는 것을……

먼 훗날의
약속 같은 건 없어도
언젠가 보리라는 가냘픈 기대와
장미빛 화환 속에 묻혀 가리라

1970년 1월 16일 (고등학교 졸업식 날)

라일락

라일락 짙은 향기
푸른 하늘에
파아란 꿈처럼 피어오르고
흰 꽃잎이 눈처럼 날린다

라일락 흰 꽃을
한 움큼 꺾어서
너의 고운 얼굴을
꽃 속에 고요히 묻어 주리라

1968년 4월 3일

오얏꽃

산기슭에 오얏꽃
하얗게 피면
임이여
당신이 그리워집니다

하얀 꽃술에 묻혀
오랜 꿈을 묻어 온
꽃잎처럼 뽀오얀
추억이 있기 때문입니다.

1970년 4월 19일

어젯밤 내내

어젯밤은 내내
난 울었다

어쩌지 못하는
서러운 사연에
휘영청 밝은
달 그림자를 안고

어제 밤은 내내
난 울었다

1970년 12월 26일

수채화로 피어나는 젊은 날의 사랑

인쇄 2011년 8월 31일
초판 1쇄 발행 2011년 9월 5일

지은이 박일소
펴낸이 양상구
편 집 김초롱
펴낸 곳 도서출판 채운재
주 소 서울시 중구 충무로2가 49-8 서울빌딩 202호
전 화 02-704-3301
팩 스 02-2268-3910
손전화 010-5466-3911
이메일 ysg8527@naver.com
정 가 10,000원

ISBN: 978-89-93829-30-3 (03800)